Un regalo llamado Perdón

Escrito por Debby Anderson • Ilustrado por Deborah Maze

Dedicado al doctor Jack y a Marilyn Dryden, Jim y Mary Dryden,
y a sus familias, cuyo compromiso de oración, servicio y amor hacia el
pueblo latinoamericano glorifica a nuestro Salvador.
Con gratitud a Debbie Abrahamson, Kim Ford, Jackie Saldana,
Doris Sanford y Crystal M. Sutherland.

Título del original: *Forgiveness and Your Future.*
Texto © 2021 Debby Anderson
Ilustraciones por Deborah Maze

Edición en castellano: *Un regalo llamado Perdón* © 2021 por Editorial Portavoz, filial de Kregel Inc., Grand Rapids, Michigan 49505. Todos los derechos reservados.

Traducción: Nohra Bernal

EDITORIAL PORTAVOZ
2450 Oak Industrial Drive NE
Grand Rapids, MI 49505 USA
Visítenos en: www.portavoz.com

ISBN 978-0-8254-5976-4

1 2 3 4 5 edición / año 25 24 23 22 21

Impreso en Colombia
Printed in Colombia

Un regalo llamado Perdón

Escrito por *Debby Anderson* • Ilustrado por *Deborah Maze*

... sean amables unos con otros,
sean de buen corazón,
y perdónense unos a otros,
tal como Dios los ha perdonado a ustedes por medio de Cristo.
(Efesios 4:32, NTV)

¡Dios te ama profundamente y quiere darte un futuro maravilloso!

Para entender tu futuro, imagina tu vida como un viaje, ¡un viaje con destino a convertirte en lo que Dios quiere que tú seas! Dios quiere que seas fuerte y valiente. Él te ha creado para que ofrezcas con gozo Su amor y perdón a otros. El perdón es una parte importante del viaje. Aprendamos acerca de este regalo que Dios nos ofrece a nosotros y acerca de cómo podemos compartir ese regalo cuando perdonamos a otros.

Por el contrario, sean amables unos con otros, sean de buen corazón, y perdónense unos a otros, tal como Dios los ha perdonado a ustedes por medio de Cristo. (Efesios 4:32, NTV)

Proverbios 3:5-6, Jeremías 29:11-13

CAPÍTULO 1: ¡DIOS NOS PERDONA!

El punto de partida para emprender este emocionante viaje del perdón es una relación con Dios. Sin embargo, Dios es absolutamente bueno, y nuestro pecado nos separa de Él. El pecado son aquellas cosas malas que pensamos, decimos o hacemos en desobediencia a Dios, y es nuestro mayor problema. En consecuencia, recibir el perdón de Dios es nuestra necesidad más grande.

Por eso, ¡Dios ha dispuesto una manera para que podamos recibir Su perdón! La Palabra de Dios, la Biblia, nos dice:

> pero Dios mostró el gran amor que nos tiene al enviar a Cristo a morir por nosotros cuando todavía éramos pecadores.
> (Romanos 5:8, NTV)

Nuestro Dios, que es absolutamente bueno, llevó la carga de todo nuestro pecado: nuestras palabras hostiles, nuestra desobediencia, nuestras mentiras, nuestro enojo, nuestros malos hábitos, nuestro egoísmo... Aunque Él nunca pecó, Jesucristo, el perfecto Hijo de Dios, eligió recibir en la cruz el castigo por todo nuestro pecado.

Él tomó nuestro lugar en la cruz.

¡TÚ vales tanto para Dios que Él murió por TI!

Debemos tomar la decisión de recibir o rechazar el perdón de Dios.

Dios eligió ofrecernos el perdón como un regalo. Ahora nos corresponde a nosotros elegir. Puesto que es un regalo, cada uno debe tomar la decisión propia de recibir o de rechazar el regalo divino del perdón.

> Dios los salvó por su gracia cuando creyeron. Ustedes no tienen ningún mérito en eso; es un regalo de Dios. (Efesios 2:8, NTV)

> Él mismo llevó nuestros pecados en Su cuerpo sobre la cruz a fin de que muramos al pecado y vivamos a la justicia, porque por Sus heridas fueron ustedes sanados. (1 Pedro 2:24, NBLA)

> Pero a todos los que lo recibieron, les dio el derecho de llegar a ser hijos de Dios, es decir, a los que creen en Su nombre (Juan 1:12, NBLA)

¿Quieres que hoy sea el día en que recibes el perdón por tus pecados? ¿Es hoy el día en que empezarás a caminar con Cristo? La siguiente oración te ayudará a pedir perdón a nuestro buen Dios amoroso:

"Querido Señor Jesús,
gracias por morir en la cruz por mi pecado.
Gracias por resucitar.
Recibo Tu regalo del perdón.
Me aparto de mi pecado.
Me vuelvo a Ti, mi Salvador, Señor y Amigo.
Por favor, ayúdame a llegar a ser la persona que Tú quieres que yo sea".

CAPÍTULO 2: ¡ELEGIR EL REGALO DEL PERDÓN DE DIOS CAMBIA TU FUTURO PARA SIEMPRE!

¡Es como ser rescatado de un reino pecaminoso de sombras, miedo y muerte... y ser trasladado a un reino bueno con luz, poder y vida!

Pues Él nos rescató del reino de la oscuridad y nos trasladó al reino de su Hijo amado, quien compró nuestra libertad y perdonó nuestros pecados. (Colosenses 1:13-14, NTV)

Nuestro futuro cambia para siempre y de muchas maneras, entre ellas:

¡Te conviertes de inmediato en hijo de Dios!

Eres parte de la familia de Dios... ¡para siempre! Siempre serás Su hijo. Nuestra relación con nuestro Padre celestial es una relación de amor y protección.

Miren con cuánto amor nos ama nuestro Padre que nos llama sus hijos, ¡y eso es lo que somos! Pero la gente de este mundo no reconoce que somos hijos de Dios, porque no lo conocen a él. (1 Juan 3:1, NTV)

Ciertamente tu bondad y tu amor inagotable me seguirán todos los días de mi vida, y en la casa del Señor viviré por siempre. (Salmo 23:6, NTV)

¡Tienes vida eterna!

Pues Dios amó tanto al mundo que dio a su único Hijo, para que todo el que crea en él no se pierda, sino que tenga vida eterna. (Juan 3:16, NTV)

Mis ovejas escuchan mi voz; yo las conozco, y ellas me siguen. Les doy vida eterna, y nunca perecerán. Nadie puede quitármelas. (Juan 10:27-28, NTV)

¡Dios te permite empezar una nueva vida!

Tu pasado no determina tu futuro. Como una mariposa que emerge de su crisálida y emprende su primer vuelo, ¡Él te llama una nueva criatura!

¡Podemos glorificar a Dios con nuestra vida!

¡Glorificar a Dios significa brillar de gozo y comunicar Su amor a otros!

Por lo tanto, si alguno está en Cristo, es una nueva creación.
¡Lo viejo ha pasado, ha llegado ya lo nuevo! (2 Corintios 5:17, NVI)

¡El perdón de Dios limpia todo tu pecado, pasado, presente y futuro!

¡Quedarás tan limpio como si tomaras una ducha bajo una cascada o te bañaras en el océano!

CONFESIÓN:

Puesto que aun vivimos en este mundo resquebrajado, todavía pecamos. Pero Dios entiende esto. Él nos pide que le confesemos siempre nuestro pecado. Confesar significa contarle a Dios lo que hiciste y reconocer que está mal. Puedes confesar a Dios tu pecado en cualquier momento y en cualquier lugar, ¡incluso ahora mismo en oración! Él siempre te escucha. ¡Él siempre nos perdona y nos permite empezar de nuevo!

Cuando nuestro pecado lastima a otra persona, por lo general conviene confesárselo a esa persona y pedirle que te perdone. A veces, incluso puede ser de ayuda restituir el daño. Por ejemplo, si tomaste el lápiz de alguien y lo perdiste, sería de gran ayuda decir: "Siento haber tomado tu lápiz; te conseguiré otro". Puede ser que te perdonen, o no. ¡Pero Dios te perdona! Continúa siendo amable sin importar lo que la otra persona haga. Usa los sentimientos de tristeza y remordimiento como un recordatorio para no volverlo a hacer.

> pero si confesamos nuestros pecados a Dios, él es fiel y justo para perdonarnos nuestros pecados y limpiarnos de toda maldad. (1 Juan 1:9, NTV)

> Nuestro Sumo Sacerdote comprende nuestras debilidades, porque enfrentó todas y cada una de las pruebas que enfrentamos nosotros, sin embargo, él nunca pecó. Así que acerquémonos con toda confianza al trono de la gracia de nuestro Dios. Allí recibiremos su misericordia y encontraremos la gracia que nos ayudará cuando más la necesitemos. (Hebreos 4:15-16, NTV)

ARREPENTIMIENTO:

Dios también nos pide que nos arrepintamos. Esto significa apartarnos de nuestro pecado y volvernos a Dios. Él nos dará el poder para evitar el pecado y crecer en santidad. Este poder se alimenta a través de lo que podemos denominar **"Los Súper Poderes de Dios"**.

LOS SÚPER PODERES DE DIOS

Estas son 5 fuentes de poder importantes que Dios nos da. ¡Cuéntalas con los dedos de tu mano para memorizarlas!

1. **La Biblia**

2. **La oración**

3. **El Espíritu Santo**

4. **Tu familia espiritual, la iglesia**

5. **Un consejero**

1. **La Palabra de Dios, la Biblia:** Léela y pídele a Dios que te ayude a ponerla en práctica en tu vida. He guardado tu palabra en mi corazón, para no pecar contra ti... Tu palabra es una lámpara que guía mis pies y una luz para mi camino. (Salmo 119:11, 105, NTV)

2. **La oración:** Hablar y escuchar a Dios construye una relación que transforma nuestra vida. No se preocupen por nada; en cambio, oren por todo. Díganle a Dios lo que necesitan y denle gracias por todo lo que él ha hecho. Así experimentarán la paz de Dios, que supera todo lo que podemos entender. La paz de Dios cuidará su corazón y su mente mientras vivan en Cristo Jesús. (Filipenses 4:6-7, NTV)

3. **Su Espíritu Santo:** ¡El Espíritu de Dios vive en el interior de los que creen en Él! Pues Dios no nos ha dado un espíritu de temor y timidez sino de poder, amor y autodisciplina. (2 Timoteo 1:7, NTV)

5. **Consejero:** Trata de buscar a una persona mayor que sea honesta, confiable y amable, y que puede guiarte. Por lo general, es alguien que sigue a Cristo con todo su corazón, y puede ser un pariente, un miembro de la iglesia, un maestro, un vecino... Escucha el consejo y acepta la corrección, para que seas sabio el resto de tus días. (Proverbios 19:20, NBLA)

4. **Tu familia espiritual, la iglesia:** Seguir a Jesús es un deporte que se juega en equipo. Dios quiere que nuestra iglesia sea un lugar seguro donde aprendemos y nos ayudamos mutuamente mientras le adoramos. Así que aliéntense y edifíquense unos a otros, tal como ya lo hacen. (1 Tesalonicenses 5:11, NTV)

¡Uno de los cambios más importantes es el don del Espíritu Santo!

Aprendamos más acerca de esto...

CAPÍTULO 3: ¡EL DON DIVINO DEL ESPÍRITU SANTO TE CAMBIA DESDE TU INTERIOR!

Cuando oras y pides a Dios que te perdone y sea tu Salvador, Señor y Amigo, el Espíritu Santo viene a vivir en tu interior... ¡para siempre! ¿No te parece asombroso? ¡Es el mismo Espíritu Santo que ayudó a crear el mundo y a levantar a Jesús de los muertos!

Génesis 1:2, Salmo 104:3, Juan 6:63

¡El Espíritu Santo de Dios te da una libertad renovada y el poder que necesitas para caminar con Cristo!

Es especialmente importante que el Espíritu Santo te ayude a entender la Biblia. Con Su ayuda, podrás diferenciar entre lo que es verdadero o falso entre todo lo que escuchas en el mundo que te rodea. Él te enseña y te recuerda la verdad de Dios, por eso se llama "el Espíritu de verdad". El Espíritu Santo también tiene otros nombres... Ayudador, Amigo, Consolador y Consejero. (Juan 14:26; 15:26)

Cuando tengas miedo y no estés seguro de si eres hijo de Dios, el Espíritu Santo te anima y te marca como hijo de Dios. ¡El Espíritu Santo es parte de la promesa de Dios de que pertenecerás para siempre a la familia de Dios! (Romanos 8:15-16)

Él es como una estampilla y tú eres como un sobre. ¡Él garantiza que llegues al cielo! (Efesios 1:13)

¡El Espíritu Santo también te ayuda ahora mismo! Él te da la sabiduría para discernir lo que es correcto.

¡El Espíritu Santo te da el poder para hacer lo que es correcto! El Espíritu Santo te advierte cuando estás pecando. ¡Él te ayuda a alejarte del mal! Escucha Su voz en tu interior cuando Él te recuerde las verdades de la Biblia. (Juan 16:8)

Señor Dios
Padre Todopoderoso,
Creador del cielo y la tierra
Que vive en "En todas partes —
del oriente al occidente"

Un desafío importante que podemos enfrentar con la ayuda del Espíritu Santo son los medios de comunicación que vemos y oímos. Comprométete a utilizar contenidos seguros y apropiados en tus aparatos electrónicos, pantallas, libros, lecturas y música.

... Concéntrense en todo lo que es verdadero, todo lo honorable, todo lo justo, todo lo puro, todo lo bello y todo lo admirable. Piensen en cosas excelentes y dignas de alabanza. (Filipenses 4:8, NTV)

A veces te sentirás débil y confundido acerca de cómo orar, pero el Espíritu Santo orará por ti cuando no sepas qué decir. (Romanos 8:26)

¡El Espíritu Santo empezará a producir Su fruto en tu interior: amor, gozo, paz, paciencia, amabilidad, bondad, fidelidad, mansedumbre y autocontrol! (Gálatas 5:22-23)

Detengámonos por un momento... solo para pensar y dar gracias a Dios... ¡Su perdón gratuito es la llave que abre la puerta a todos estos dones y regalos! Gracias a que Jesucristo, el Hijo de Dios, murió en la cruz y resucitó, nosotros podemos ser perdonados. Recibiremos todo lo que necesitamos para caminar con Él en este mismo momento y en el futuro.

Y este mismo Dios quien me cuida suplirá todo lo que necesiten, de las gloriosas riquezas que nos ha dado por medio de Cristo Jesús. (Filipenses 4:19, NTV)

Y esa esperanza no acabará en desilusión. Pues sabemos con cuánta ternura nos ama Dios, porque nos ha dado el Espíritu Santo para llenar nuestro corazón con su amor. (Romanos 5:5, NTV)

Debido a estas verdades, y con la ayuda de Dios y Su Espíritu Santo, podremos hacer las cosas difíciles de la vida. Una de las cosas más difíciles de hacer es perdonar a los demás. Aprendamos más acerca de esto...

Gozo   Paz
Amor Gentileza Bondad   Humildad
Paciencia   Fidelidad Control propio

CAPÍTULO 4:
DIOS NOS PERDONA PARA QUE NOSOTROS PODAMOS PERDONAR A OTROS... PERO NO SIEMPRE ES FÁCIL.

Ahora que empiezas a caminar con Cristo en tu vida, piensa acerca de tu futuro: "¿Qué necesito hacer ahora para llegar a ser la persona que Dios quiere que yo sea?". Como hemos visto, el perdón es muy importante para lograrlo.

Uno de los obstáculos que pueden estorbar nuestro gozoso viaje hacia el futuro son las ofensas de otras personas contra nosotros. Estas ofensas pueden producirnos sentimientos de tristeza, soledad, rabia y odio, entre otros. Una de las claves para sanar estas ofensas es el perdón.

«Lo imposible para los hombres es posible para Dios», respondió Jesús. (Lucas 18:27, NBLA)

¿Qué es el perdón?

El perdón es tan hermoso y poderoso, que, tal vez por eso, es tan difícil definirlo. Es más fácil describirlo. Así pues, ¡celebremos la palabra perdón describiéndolo de muchas maneras!

- El perdón no cierra los ojos a la ofensa.

- El perdón es el comienzo del camino hacia la sanación.

- El perdón no es algo que hacemos, sino algo que Dios hace a través de nosotros.

- El perdón es una elección para poner fin a los sentimientos negativos hacia una persona que te ha lastimado.

- El perdón dice: "Jesús, quiero ser libre".

- El perdón es creer que la justicia de Dios obrará para rectificar todas las cosas hoy, mañana o en la eternidad.

- El perdón impide que el dolor sufrido en el pasado eche a perder las posibilidades del presente y la esperanza del futuro.

- El perdón hace que el amor venza el temor, que la esperanza prevalezca sobre la derrota y el gozo sobre el desaliento.

¿Qué es la falta de perdón?

La falta de perdón es destructiva y dolorosa. Podemos describirla con palabras que son lo opuesto del perdón.

La falta de perdón destruye.

El perdón edifica.

La falta de perdón escoge la maldad.

El perdón escoge la bondad.

La falta de perdón se basa en la mentira del enemigo, Satanás.

El perdón se basa en la verdad de Dios.

La falta de perdón nos vuelve prisioneros.

El perdón nos libera.

La falta de perdón es como llevar a cuestas una mochila llena de piedras.

El perdón es como tener alas.

La falta de perdón nos hace débiles.

El perdón nos hace fuertes.

La falta de perdón cierra todas las puertas. El perdón las abre.

- La falta de perdón carga la bolsa de basura por dondequiera que va. ←→ El perdón echa lejos la bolsa de basura de la ofensa y el temor.

- La falta de perdón nos agota. ←→ El perdón energiza nuestros cuerpos.

- La falta de perdón hace más grande la ofensa. ←→ El perdón hace que la ofensa parezca más pequeña.

- La falta de perdón es como un veneno que enferma. ←→ El perdón es como medicina que sana.

- La falta de perdón cree que la venganza es la mejor solución. ←→ El perdón cree que la justicia de Dios puede reparar el daño.

- La falta de perdón es desobediencia a Dios en un camino hacia la destrucción. ←→ El perdón es obediencia a Dios en un camino que avanza hacia el futuro.

Pregunta para meditar: ¿Con cuáles opuestos te sientes más identificado?

¿Vas a emprender el camino del perdón hacia el futuro que Dios ha dispuesto para ti? Existen por lo menos tres opciones:

Opción 1:

Quizá estés eligiendo no perdonar. Para Dios, esta decisión tuya es algo muy serio. Él sabe que eso va a lastimarte a ti y a las personas que son importantes para ti.

La rabia

¿Te impide la rabia perdonar? Dios dice que está bien sentir rabia, pero no está bien aferrarte a ella ni usarla contra otros. Si la reprimes, se manifestará de otras maneras. La rabia puede echar raíces de amargura, resentimiento, rebelión y odio. Tu odio te encierra a ti en una prisión, no a la persona que te hirió. ¡Tú te conviertes en tu propio prisionero! Hay esperanza. El perdón es la llave que abre la puerta de la prisión.

Además, «no pequen al dejar que el enojo los controle». No permitan que el sol se ponga mientras siguen enojados, porque el enojo da lugar al diablo.
(Efesios 4:26-27, NTV)

...Todos deben estar listos para escuchar, y ser lentos para hablar y para enojarse;
(Santiago 1:19, NVI)

El perdón de Dios quiere sanarte de la herida que causó la ofensa que cometieron contra ti. Confía en que Él te ayudará a volver a encontrar el camino que Él tiene para tu futuro.

Opción 2:

Tal vez necesites tiempo. Te sientes confundido. La ofensa te produce sentimientos de temor. A veces necesitamos entender mejor lo que sucedió. ¡A veces necesitamos saber más acerca de cuánto nos ama y valora Dios! Ese es un momento perfecto para usar los **SÚPER PODERES DE DIOS** ... especialmente la parte de hablar con un adulto confiable que esté dispuesto a ayudar. Todo esto te ayudará a ser más fuerte para que puedas perdonar. Sin embargo, no esperes mucho tiempo. Cuanto más te aferres a la ofensa, más daño puede causar.

> "...—¡Sí, creo, pero ayúdame a superar mi incredulidad!"
> (Marcos 9:24, NTV)

Opción 3:

¡Estás listo para elegir el perdón con la ayuda de Dios! ¡Has decidido continuar tu viaje para convertirte en la persona que Dios diseñó que fueras! ¡Es un gran gozo recibir el perdón de Dios y luego transmitirlo a otros!

CAPÍTULO 5: ¿CÓMO PERDONAMOS?

¡El perdón empieza con una elección y luego viene el proceso! La verdad más importante que debes conocer es que el perdón es obra de Dios. Dios la hará en ti. Su Espíritu Santo te dará todo lo que necesitas: ¡Paciencia, sabiduría y valor!

- **Paciencia:** Necesitarás la paciencia de Dios porque puede tomar tiempo que entiendas la ofensa y aceptes el amor fiel de Dios por ti. Puede que necesites orar y esperar hasta encontrar a la persona correcta con quién hablar. ¡La paciencia es un fruto del Espíritu!

- **Sabiduría:** Necesitarás la sabiduría de Dios porque el perdón puede complicarse si estás experimentando muchas emociones.

- **Valor:** Necesitarás el valor de Dios porque ser herido con palabras o acciones ofensivas puede producir miedo.

Dios es nuestro refugio y nuestra fuerza;
   siempre está dispuesto a ayudar en tiempos de dificultad.
   (Salmo 46:1, NTV)

... «No tengas miedo, porque he pagado tu rescate;
   te he llamado por tu nombre; eres mío». (Isaías 43:1, NTV)

Recuerda usar los SÚPER PODERES DE DIOS:

1. **La Biblia**

2. **La oración**

3. **El Espíritu Santo**

4. **Tu familia espiritual, la iglesia**

5. **Un consejero**

¿Cómo perdonamos?

1. Conéctate con Dios.

- Si puedes, ora y dile lo que pasó que te lastimó. O eleva una breve oración y pídele que te ayude a tranquilizarte. O simplemente dile: "¡Ayúdame!".

- Dios siempre entiende y a Él siempre le importa lo que te sucede. Él siempre escucha y promete ayudarte.

- Si no puedes orar, deja que el Espíritu Santo ore por ti. Esa es una de sus funciones.
(Romanos 8:26)

2. Tranquilízate.

- Es posible sentir que pierdes el control de tu mente y de tus emociones, como si todo diera vueltas. Toma el control de tus emociones para que estas no te controlen a ti. Puedes hacerlo intentando tranquilizarte.

- Toma aire lenta y profundamente, respira con calma. Llena tus pulmones de aire y luego exhala lentamente.

- Toma agua.

- ¡Muévete! Camina, corre, salta a la cuerda, patea un balón, dibuja, échale agua a una planta, toca música, baila, canta... ¡A veces nuestras emociones funcionan como un motor!

- Si tu "motor" emocional está lento, es decir, triste, cansado o deprimido, ¡actívalo con un poco de movimiento! Movernos ayuda a nuestro cuerpo y nuestra mente a sentirse mejor.

- Si tu "motor" emocional está acelerado, es decir, enojado, temeroso o desesperado, ¡cálmalo con un poco de movimiento! Puedes redirigir esas emociones gastando la energía excesiva.

- Luego siéntate y deja que tu mente piense por un momento en algo diferente. Fíjate bien y percibe lo que siente tu cuerpo. Piensa a través de tus sentidos. Ahora mismo, ahí mismo donde te encuentras... ¿qué ves?, ¿qué oyes?, ¿qué hueles?, ¿qué sientes?, ¿qué saboreas?

- Cuando tu mente y tus emociones se calman, pueden trabajar en conjunto para ayudarte a tomar buenas decisiones.

3. Toma decisiones.

- Dedica tiempo a pensar y a tomar decisiones con cuidado. Esto nos ayuda a reaccionar de manera saludable y glorificar a Dios.

- ¡RECUERDA USAR **LOS SÚPER PODERES DE DIOS**! Esto te ayudará a tomar decisiones conforme a las verdades de Dios.

Estas decisiones son una parte importante de tu viaje hacia el futuro. Aprendamos más...

CAPÍTULO 6: DETERMINA AHORA CUÁLES SON LAS EMOCIONES MÁS FUERTES.

¡Dios nos creó con emociones! ¡Las emociones nos ayudan a sentirnos vivos! Al igual que nosotros, ¡Dios siente emociones! Él siente compasión, ira justificada y amor constante.

Jesús sintió soledad y traición. ¡Pero también siente el gozo del Espíritu Santo!

El Espíritu Santo también siente tristeza. Y Jesús sintió una tristeza profunda, incluso lloró, cuando Su amigo murió; pero luego, ¡Jesús lo resucitó!

"Jesús lloró". *(Juan 11:35, el versículo más corto de la* Biblia)

Salmo 103:8-14, Mateo 26:38-40, Lucas 10:21, Efesios 4:30

Estas son algunas estrategias clave para controlar tus emociones:

- Acepta tus emociones como pistas o señales que te revelan por qué una ofensa tiene importancia.
- Debes saber que nuestras emociones no son, por lo general, buenas o malas. Es lo que hacemos como respuesta a la ofensa o la emoción lo que puede ser bueno o malo. Nuestra manera de actuar conforme a lo que sentimos puede ayudar o causar daño.
- Describe cómo te sientes. Esto realmente ayuda mucho a controlar las emociones. ¿Cuáles de estas emociones estás experimentando?

Abandonado   Decepcionado   Resentido
Calmado   Esperanzado   Amargado
Deprimido   Desafiante
Solo   Valiente   Apenado   Culpable   Enojado
Frustrado   Misericordioso
Asustado   Dolido   Triste
Temeroso   Vengativo   Preocupado
Traicionado   Avergonzado   Celoso
Con odio

CAPÍTULO 7: DETERMINA CUÁN GRANDE ES LA OFENSA Y CUÁL SERÁ TU RESPUESTA.

Esto es importante porque vas a necesitar responder de manera diferente a diferentes niveles de ofensa. Sin embargo, debes saber en lo profundo de tu corazón que el amor de Jesús puede sanar cualquier ofensa, no importa cuán grande o pequeña sea. Jesús conoce el dolor de las ofensas. Él sabe que el perdón es parte del proceso de sanar las heridas.

> Y Jesús decía: «Padre, perdónalos, porque no saben lo que hacen». Y los soldados echaron suertes, repartiéndose entre sí Sus vestidos. (Lucas 23:34, NBLA)

Existen ofensas de todo tipo. Lo que a una persona le parece insignificante a otra puede parecerle grave. Hay palabras que hieren, como las mentiras, los chismes, las burlas y los insultos. Hay acciones que lastiman, como golpear, robar, engañar, empujar, abofetear. El maltrato puede darse con palabras y acciones. Tal vez alguien te decepcionó o traicionó... te excluyó de una actividad o rehusó compartir algo contigo... te avergonzó o apenó... rompió una promesa o te abandonó. Sí, las ofensas son una parte muy difícil de nuestro viaje por la vida. Anímate y sé valiente. Dios nos dará lo que necesitamos para sanar.

> No tengas miedo, porque yo estoy contigo;
> no te desalientes, porque yo soy tu Dios.
> Te daré fuerzas y te ayudaré;
> te sostendré con mi mano derecha victoriosa.
> (Isaías 41:10, NTV)

Hablemos acerca del tamaño de la ofensa:

Podemos imaginar las ofensas como animales pequeños, medianos o grandes.

Ofensa pequeña:

Este tipo de ofensa nos molesta, pero solo por un momento breve. De hecho, a lo largo del día suceden cosas pequeñas que no nos gustan. Decide perdonar y sigue adelante. A veces, nosotros mismos ofendemos a otros. Puedes decir: "Lo siento" o "Perdóname". Luego, sigue jugando o realizando alguna actividad con tus compañeros.

Ofensa mediana:

Esta clase de ofensa nos molesta por una hora o más. Despierta emociones. Puede ser útil que hables con la persona que te ofendió:

> "Me alegra que seamos amigos, pero me sentí muy apenado cuando te reíste de mí frente a nuestros amigos. Me sentí rechazado".

> "Me sentí enojado y humillado cuando me lanzaste el balón de fútbol en la cara".

La otra persona probablemente se disculpará y, en seguida, puedes decirle que la perdonas. Sin embargo, tal vez no lo lamente para nada. Aun así, puedes decidir perdonarle en tu corazón... aunque sea solo de parte tuya hacia él o ella.

Ofensa grande:

Esta ofensa es más que una molestia. Despierta emociones fuertes.

Nos quedamos pensando en lo que pasó durante varios días e incluso más tiempo. Es posible que nos sintamos amenazados.

Ofensa gigante:

Este tipo de ofensa produce emociones tan fuertes que nuestra mente no es capaz de pensar en otra cosa que no sea la ofensa.

El dolor no desaparece. Nos sentimos amenazados.

Hablemos acerca de cómo responder frente a ofensas grandes y gigantes:

Las ofensas grandes y gigantes son muy graves porque son una amenaza contra tu seguridad, tanto la seguridad de tu cuerpo como la de tu corazón. Necesitas buscar ayuda. Hablar con una persona sabia y confiable es un buen primer paso. Esta persona te ayudará a encontrar maneras de protegerte.

Hablar con la persona que te ofendió tal vez no sea sabio porque puede ser peligroso. Muchas veces, el perdón es una acción en una sola dirección. La persona que sufrió la ofensa decide perdonar, mientras que la otra persona ignora la situación y no acepta su responsabilidad por la ofensa. Puede ser que la otra persona no quiera sanar la relación. Debido a que no podemos controlar a otras personas, no podemos obligarlas a sentirse mal por sus actos. Sin embargo, podemos hacer lo que es correcto en nuestro propio corazón.

La injusticia de la ofensa es algo muy difícil de perdonar, sin embargo, deja que Dios sea Dios. Él ve. Él sabe. Él es el Juez más sabio. Él también sufrió maltrato e injusticia. En la cruz, Jesús llevó el pecado y la tristeza de todo el mundo: el pecado del maltratador y la pena del maltratado. Él promete restaurar todo en algún momento— ahora, en el futuro o en la eternidad. No obstante, recuerda buscar ayuda para que estés seguro y a salvo.

> Porque para este propósito han sido llamados, pues también Cristo sufrió por ustedes, dejándoles ejemplo para que sigan Sus pasos, EL CUAL NO COMETIÓ PECADO, NI ENGAÑO ALGUNO SE HALLÓ EN SU BOCA; y quien cuando lo ultrajaban, no respondía ultrajando. Cuando padecía, no amenazaba, sino que se encomendaba a Aquel que juzga con justicia. (1 Pedro 2:21-23, NBLA)

> Pero en todas estas cosas somos más que vencedores por medio de Aquel que nos amó. (Romanos 8:37, NBLA)

CAPÍTULO 8: DECIDE CREER LA VERDAD SOBRE TI.

Dios quiere que tú conozcas y creas la verdad acerca de ti. Creer la verdad te ayudará a responder de una manera provechosa que resulte en la sanación de tus heridas. La verdad te ayudará a seguir adelante con tu vida y avanzar hacia el futuro. Estas son algunas verdades importantes acerca de ti que puedes creer con todo tu corazón:

- Creo que Dios me hizo con amor y sabiduría.

- Creo que puedo seguir adelante con mi vida y avanzar hacia el futuro.

- Creo que no necesito culparme ni sentir vergüenza cuando otros me hieren con malas intenciones.

- Creo que puedo tener emociones y actitudes sanas.

- ¡Creo que puedo perdonar!

Exploremos lo que la Palabra de Dios dice acerca de estas verdades poderosas. Creo que Dios me hizo con amor y sabiduría.

Dios sabe todo sobre mí. Soy un tesoro para Él. Soy Su grandiosa obra maestra, Su hijo amado.

> SEÑOR, tú me examinas,
>   tú me conoces.
> Sabes cuándo me siento y cuándo me levanto;
>   aun a la distancia me lees el pensamiento...
> Si me elevara sobre las alas del alba,
>   o me estableciera en los extremos del mar,
> aun allí tu mano me guiaría,
>   ¡me sostendría tu mano derecha!...
> ¡Cuán preciosos, oh Dios, me son tus pensamientos!...
>   (Salmo 139:1-2, 9-10, 17, NVI)

> Pues somos la obra maestra de Dios. Él nos creó de nuevo en Cristo Jesús, a fin de que hagamos las cosas buenas que preparó para nosotros tiempo atrás.
> (Efesios 2:10, NTV)

Creo que puedo seguir adelante con mi vida y avanzar hacia el futuro.

Dios me ayudará a ser fuerte y valiente. Su Espíritu me dará propósito y poder.

¿No te *lo* he ordenado Yo? ¡Sé fuerte y valiente! No temas ni te acobardes, porque el SEÑOR tu Dios *estará* contigo dondequiera que vayas (Josué 1:9, NBLA)

...quitémonos todo peso que nos impida correr, especialmente el pecado que tan fácilmente nos hace tropezar. Y corramos con perseverancia la carrera que Dios nos ha puesto por delante. Esto lo hacemos al fijar la mirada en Jesús, el campeón que inicia y perfecciona nuestra fe. Debido al gozo que le esperaba, Jesús soportó la cruz, sin importarle la vergüenza que esta representaba. (Hebreos 12:1-2, NTV)

Creo que no necesito culparme ni sentir vergüenza cuando otros me hieren con malas intenciones.

Dios da a cada uno control sobre sus decisiones.
Yo tengo el control sobre mis decisiones.
Quienquiera que sea malintencionado conmigo y me lastime tiene control sobre sus decisiones.
Nada que yo haga puede obligar a alguien a lastimarme con mala intención.
Es la mala decisión de esa persona. Es su vergüenza y no la mía.

(Salmo 6:8, 10, NVI)

Creo que puedo tener emociones y actitudes sanas.

A menudo, la rabia es la respuesta más rápida cuando nos ofenden. La rabia puede ser una alarma útil que nos advierte que hay un problema. Otras emociones negativas también pueden ser alarmas útiles: el miedo, el desagrado, la tristeza... Estas emociones negativas nos advierten la presencia de un problema, pero su función útil termina allí.

¡ABANDONA, pues, las emociones negativas tan pronto como sea posible! Así como te quitas la ropa sucia, ¡DESPÓJATE de las actitudes negativas! Déjalas. ¡Tíralas! Como ropa limpia, VÍSTETE de las actitudes positivas de bondad, valentía y amor. Sigue adelante en tu viaje del perdón y en tu proceso de convertirte en la persona que Dios quiere que tú seas.

pero ahora es el momento de eliminar el enojo, la furia, el comportamiento malicioso, la calumnia y el lenguaje sucio... Sobre todo, vístanse de amor, lo cual nos une a todos en perfecta armonía. Y que la paz que viene de Cristo gobierne en sus corazones... (Colosenses 3:8, 14-15, NTV)

Le pido que, por medio del Espíritu y con el poder que procede de sus gloriosas riquezas, los fortalezca a ustedes en lo íntimo de su ser, para que por fe Cristo habite en sus corazones. Y pido que, arraigados y cimentados en amor, puedan comprender, junto con todos los santos, cuán ancho y largo, alto y profundo es el amor de Cristo; (Efesios 3:16-18, NVI)

¡Creo que puedo perdonar!

¡Esta es la respuesta que sanará tu herida!

«Para los hombres eso es imposible, pero para Dios todo es posible». (Mateo 19:26, NBLA)

Entonces, ustedes como escogidos de Dios, santos y amados, revístanse de tierna compasión, bondad, humildad, mansedumbre y paciencia; soportándose unos a otros y perdonándose unos a otros, si alguien tiene queja contra otro. Como Cristo los perdonó, así también háganlo ustedes. (Colosenses 3:12-13, NBLA)

Todo lo puedo en Cristo que me fortalece. (Filipenses 4:13, NBLA)

...con mi Dios puedo escalar cualquier muro. (Salmo 18:29, NTV)

CAPÍTULO 9: ¡SOMOS VENCEDORES!

Jesucristo, nuestro Salvador, nos ayudará a seguir avanzando en nuestro emocionante viaje por la vida hacia el futuro. Las acciones de los demás no nos van a derrotar. ¡Nosotros somos vencedores por la gracia de Dios! ¡Prepárate para la aventura!

> ... Aquí en el mundo tendrán muchas pruebas y tristezas; pero anímense, porque yo he vencido al mundo. (Juan 16:33, NTV)

> Pues todo hijo de Dios vence a este mundo de maldad, y logramos esa victoria por medio de nuestra fe. ¿Y quién puede ganar esta batalla contra el mundo? Únicamente los que creen que Jesús es el Hijo de Dios. (1 Juan 5:4-5, NTV)

> Pero ustedes, mis queridos hijos, pertenecen a Dios. Ya lograron la victoria sobre esas personas, porque el Espíritu que vive en ustedes es más poderoso que el espíritu que vive en el mundo. (1 Juan 4:4, NTV)

Venceremos los sentimientos de amargura si vuelven a aparecer.

Es muy normal que los pensamientos y sentimientos negativos de falta de perdón y el dolor de la ofensa regresen de vez en cuando. Es una parte difícil del viaje. Sin embargo, podemos vencerlos.

Si los pensamientos y sentimientos siguen siendo muy intensos y profundos, repite de nuevo los 3 pasos.

1. Conéctate con Dios
2. Tranquilízate
3. Toma decisiones

A pesar de que los pensamientos y los sentimientos disminuyan o sigan disminuyendo, es posible que sigan siendo una distracción.

Tal vez sean como insectos pequeños pero fastidiosos que zumban en tus oídos de vez en cuando. Cuando esto suceda, aplástalos de inmediato visualizando la imagen en tu mente... ¡o puedes usar un objeto, acción o frase de la Biblia!

Puede ser paralizante detenerte a pensar con todas tus fuerzas cada vez que experimentas pensamientos o sentimientos negativos. A veces, lo más conveniente y saludable es alejar esos pensamientos de ti ¡tan pronto como aparecen! ¡La palabra "pronto" es importante! No permitas que te distraigan de la tarea que te ocupa. ¡No dejes que te quiten el sueño! Y, especialmente, ¡no permitas que las cosas negativas te roben ni un minuto de gozo y diversión!

Prueba algunas de estas ideas:

¡Visualiza una imagen!

Imagina algo en tu mente que te ayude a entender cómo el perdón te libera. La Biblia está llena de imágenes que nos ayudan a tener pensamientos y sentimientos positivos:

> Que todo lo que soy alabe al SEÑOR;
>   con todo el corazón alabaré su santo
>   nombre....
> Me redime de la muerte
>   y me corona de amor y tiernas
>   misericordias.
> Colma mi vida de cosas buenas;
>   ¡mi juventud se renueva como
>   la del águila!...
> Pues su amor inagotable hacia
>   los que le temen
> es tan inmenso como la altura de los cielos
>   sobre la tierra.
> Llevó nuestros pecados tan lejos de nosotros
>   como está el oriente del occidente.
>   (Salmo 103:1, 4-5, 11-12, NTV)

> ¿Acaso nunca han oído?
>   ¿Nunca han entendido?
> El SEÑOR es el Dios eterno,
>   el Creador de toda la tierra.
> Él nunca se debilita ni se cansa;
>   nadie puede medir la profundidad de su
>   entendimiento.
> Él da poder a los indefensos
>   y fortaleza a los débiles.
> Hasta los jóvenes se debilitan y se cansan,
>   y los hombres jóvenes caen exhaustos.
> En cambio, los que confían en
>   el SEÑOR encontrarán nuevas fuerzas;
>   volarán alto, como con alas de águila.
> Correrán y no se cansarán;
>   caminarán y no desmayarán.
>   (Isaías 40:28-31, NTV)

Estas son algunas imágenes que podrían servirte:

- Imagina que el viento sopla el pensamiento negativo hasta el cielo.

- Imagina que tu rabia despega en una nave espacial.

- Imagina que el pensamiento se va por el drenaje.

- Imagina que lo arrojas al mar y ves cómo se hunde poco a poco hasta lo más profundo.

- Imagina el pensamiento negativo como una roca y lánzalo a un río tan lejos como es posible.

- ¡Imagina tu propia idea creativa!

- Imagina que pones tus problemas en las manos de Jesús para que Él los arregle.

- Algo muy útil es imaginarte a ti mismo dejando tus pensamientos negativos en la cruz.

- ¡Y SIEMPRE imagina a Cristo caminando a tu lado!

¡Usa un objeto, acción o frase!

Usar un movimiento o un objeto tangible puede ayudarte a abandonar rápidamente los pensamientos negativos. O puedes usar también cualquiera de las siguientes estrategias imaginativas:

- Escribe en un papel la ofensa que has perdonado y entiérralo, o arrúgalo y tíralo a la basura.
- Escríbelo en un aparato electrónico y luego bórralo usando la tecla de borrar.
- Aplaude con fuerza imaginando que el pensamiento acaba de estallar.
- Da un pisotón imaginando que lo aplastas con tu pie.
- ¡Canta una canción!
- Escoge una palabra o frase secreta, como "¡Adiós, pensamiento!".

¡Usa un versículo o frase de la Biblia!

¡Las verdades de la Palabra de Dios son increíblemente poderosas! ¡Elige un versículo o una frase de la Biblia! Estas son algunas ideas:

- "Cuando tema, ¡en ti confiaré!" (basado en Salmo 56:3-4)
- "¡Soy una obra asombrosa y maravillosa!" (basado en Salmo 139:14)
- "¡La verdad me hace libre!" (basado en Juan 8:32)
- "¡Dios me ama con un amor eterno!" (basado en Jeremías 31:3)
- "¡Todo lo puedo en Cristo que me fortalece!" (Filipenses 4:13, NBLA)

Así que, cuando regresen los pensamientos negativos, visualiza OTRA VEZ una imagen o usa un objeto, acción o frase. Luego, da gracias a Dios por haberte liberado de ellos. Confía en que Él cuida de ti. ¡Y vuelve rápido a ocuparte de tu trabajo o regresa a tus juegos!

Venceremos el temor con el amor.

Nada borra el temor como el gozo de amar y ayudar a otros. Por todas partes encontramos personas que necesitan bondad y un amigo. Pensar en las necesidades de otros en lugar de enfocarnos solo en nosotros mismos puede tener un efecto sanador. Esta es una parte importante del viaje.

...el perfecto amor echa fuera el temor (1 Juan 4:18, NBLA)

Sobre todo, ámense los unos a los otros profundamente... (1 Pedro 4:8, NVI)

A medida que Dios nos quita el miedo, el odio y la amargura, Él nos llena de valor, esperanza y, por sobre todo, ¡amor! Cuando nosotros borramos algo negativo, tenemos que añadir algo positivo. No basta con decir: "No voy a odiar". Conviene que digamos: "Voy a amar". Para dejar de odiar es útil empezar a amar. Cuando decidimos dejar de hacer algo malo, desearemos llenar ese vacío con algo bueno.

No te dejes vencer por el mal; al contrario, vence el mal con el bien. (Romanos 12:21, NVI)

Venceremos la tristeza con gratitud.

Es asombroso cómo una actitud de agradecimiento puede traer sanación y gozo a la vida. Cada día dedica un momento a detenerte y agradecer a Dios por CUALQUIER COSA, ya sea grande o pequeña. Tal vez estés agradecido por un día fresco, por la ayuda de un amigo, por la comida de mamá.

Quizás estés agradecido porque sientes la paz de Dios o porque estás aprendiendo a leer la Biblia. ¡Puede que incluso desees empezar una "Lista de motivos para dar gracias"!

Con una actitud de gratitud puedes decir con confianza: "¡He sido creado por Dios y soy amado por Él! ¡Puedo sentir gozo y esperanza! ¡Puedo, con valentía, ver la vida como una aventura!".

> Por eso, de la manera que recibieron a Cristo Jesús como Señor, vivan ahora en él, arraigados y edificados en él, confirmados en la fe como se les enseñó, y llenos de gratitud. (Colosenses 2:6-7, NVI)

> ¡Den gracias al SEÑOR, porque él es bueno!
> Su fiel amor perdura para siempre. (Salmo 118:1, NTV)

Venceremos al enemigo con la armadura de Dios.

Dios sabe que nuestro viaje hacia el futuro a veces parecerá más una batalla que un viaje. Sin embargo, Él proveerá todo lo que necesitamos para vencer al enemigo. Este enemigo se llama Satanás, y es lo opuesto a Dios en todo.

- Dios es el Rey de reyes y el Señor de señores.

   Satanás es un ángel caído y condenado.
- Dios, el Conquistador supremo, ha diseñado nuestra victoria.

   Satanás es un enemigo malvado y temporal que planea y conspira para destruirnos.
- Dios nos dice la verdad por medio del poder de Su Palabra.

   Satanás nos dice mentiras por medio de su poder en el mundo.

> El ladrón solo viene para robar, matar y destruir. Yo he venido para que tengan vida, y para que *la* tengan *en* abundancia. (Juan 10:10, NBLA)

Aunque el enemigo está vencido, todavía es poderoso y peligroso en la actualidad. Sin embargo, nunca debes temer, ¡Cristo está cerca! Jesucristo es un Pastor y Sanador, pero también es un Guerrero, Rey de reyes y Señor de señores. ¡Él nos dará todo el poder y la armadura que necesitamos para batallar y vencer!

Apocalipsis 19:11-12

... fortalézcanse en el Señor y en el poder de Su fuerza. Revístanse con toda la armadura de Dios para que puedan estar firmes contra las insidias del diablo.

...tomen toda la armadura de Dios, para que puedan resistir en el día malo, y habiéndolo hecho todo, estar firmes. Estén, pues, firmes, CEÑIDA SU CINTURA CON LA VERDAD, REVESTIDOS CON LA CORAZA DE LA JUSTICIA, y calzados LOS PIES CON LA PREPARACIÓN PARA ANUNCIAR EL EVANGELIO DE LA PAZ.

Sobre todo, tomen el escudo de la fe con el que podrán apagar todos los dardos encendidos del maligno. Tomen también el CASCO DE LA SALVACIÓN, y la espada del Espíritu que es la palabra de Dios. Con toda oración y súplica oren en todo tiempo en el Espíritu, y así, velen con toda perseverancia y súplica por todos los santos. (Efesios 6:10-11, 13-18, NBLA)

RECUERDA USAR LOS SÚPER PODERES DE DIOS:

1. **La Biblia**

2. **La oración**

3. **El Espíritu Santo**

4. **Tu familia espiritual, la iglesia**

5. **Un consejero**

- **El cinto de la verdad** nos recuerda leer y obedecer la Palabra de Dios.

- **La coraza de justicia** protege nuestro corazón y nos guía para tomar buenas decisiones… especialmente buenas decisiones sobre nuestras amistades.

- **El calzado de la preparación** para anunciar las buenas nuevas nos ayuda a llevar la paz dondequiera que vamos.

- **El escudo de la fe nos ayuda** a confiar en Dios para ganar la batalla por nosotros y por medio de nosotros.

- **El casco de la salvación** protege nuestra mente en nuestras batallas para vencer las mentiras del enemigo.

- **La espada del Espíritu**, la verdad de la Palabra de Dios, nos defiende y derrota al enemigo.

- **La oración** es la manera de vestirnos de esta armadura cuando pedimos a Dios que nos capacite y nos proteja. ¡Cuando tenemos bien puesta nuestra armadura, el enemigo no puede ganar!

Si Dios está a favor de nosotros, ¿quién podrá ponerse en nuestra contra?… nuestra victoria es absoluta por medio de Cristo, quien nos amó. (Romanos 8:31, 37, NTV)

CAPÍTULO 10: ¡NUESTRO VIAJE DE PERDÓN HACIA EL FUTURO CONTINÚA!

Hemos llegado al final del libro, ¡pero no al final del viaje! Nuestro viaje de perdón es mucho más que dejar de enfocarnos en las personas que nos ofenden. Es enfocarnos en llegar a ser plenamente las personas que Dios quiere que seamos, ¡ahora y en el futuro!

> Pues yo sé los planes que tengo para ustedes —dice el SEÑOR—. Son planes para lo bueno y no para lo malo, para darles un futuro y una esperanza. (Jeremías 29:11, NTV)

En realidad, Dios es el protagonista absoluto de este viaje: Su fidelidad con nosotros, Su perdón para nosotros y Su amor por nosotros. Él guía todo el viaje y Él nos da el poder para completarlo, ¡y nos llevará a casa con Él! ¡El cielo, aquí vamos!

Este viaje también incluye recibir el perdón y el amor de Dios, para luego, por y con el poder del Espíritu Santo, ofrecer con gozo a otros el perdón y el amor de Dios. A esto lo llamamos "glorificar a Dios". ¡Glorificar a Dios significa brillar con gozo y comunicar Su amor a otros! ¡Podemos glorificar a Dios con nuestra vida! ¡Podemos brillar como estrellas!

> Y esa esperanza no acabará en desilusión. Pues sabemos con cuánta ternura nos ama Dios, porque nos ha dado el Espíritu Santo para llenar nuestro corazón con su amor. (Romanos 5:5, NTV)

> Y todo lo que hagan o digan, háganlo como representantes del Señor Jesús y den gracias a Dios Padre por medio de él. (Colosenses 3:17, NTV)

Lleven una vida limpia e inocente como corresponde a hijos de Dios y brillen como luces radiantes en un mundo lleno de gente perversa y

Este viaje tendrá altibajos; habrá momentos de oscuridad y de luz, terrenos llanos y rocosos; habrá tormentas y días de sol... con montañas y valles, alegrías y penas, canciones y silencio, lágrimas y risa.

Habrá momentos difíciles con la familia, en la escuela, con tu salud, tus amistades y vecinos... Pero, sin importar los desafíos que tengas que enfrentar, Dios es suficiente. Él nos hará fuertes y valientes.

Mediante su divino poder, Dios nos ha dado todo lo que necesitamos para llevar una vida de rectitud. Todo esto lo recibimos al llegar a conocer a aquel que nos llamó por medio de su maravillosa gloria y excelencia; y debido a su gloria y excelencia, nos ha dado grandes y preciosas promesas. Estas promesas hacen posible que ustedes participen de la naturaleza divina y escapen de la corrupción del mundo, causada por los deseos humanos.

... virtud, y a la virtud, conocimiento...piedad...dominio propio y amor. (2 Pedro 1:4-7)

... En vista de todo esto, esfuércense al máximo por responder a las promesas de Dios complementando su fe con una abundante provisión de excelencia moral; la excelencia moral, con conocimiento; el conocimiento, con control propio; el control propio, con perseverancia; la perseverancia, con sumisión a Dios; la sumisión a Dios, con afecto fraternal, y el afecto fraternal, con amor por todos. Cuanto más crezcan de esta manera, más productivos y útiles serán en el conocimiento de nuestro Señor Jesucristo; (2 Pedro 1:3-8, NTV)

Y a Aquel que es poderoso para hacer todo mucho más abundantemente de lo que pedimos o entendemos, según el poder que obra en nosotros, a Él sea la gloria en la iglesia y en Cristo Jesús por todas las generaciones, por los siglos de los siglos. Amén. (Efesios 3:20-21, NBLA)

PREGUNTAS Y ACTIVIDADES

Contesta las preguntas en tu diario, tu cuaderno o en una hoja de papel aparte.

Introducción: ¡Dios te ama profundamente y quiere darte un futuro maravilloso! (página 4)

Actividad A: Imagina que tu vida es un viaje con destino a convertirte en la persona que Dios quiere que tú seas. ¿Qué lugar ocupa el perdón en esta travesía?

Actividad B: ¿Cómo crees que tu vida será transformada por el gran amor de Dios y el perdón?

> Hazme oír cada mañana acerca de tu amor inagotable,
> porque en ti confío.
> Muéstrame por dónde debo andar,
> porque a ti me entrego. (Salmo 143:8, NTV).

> Busquen el reino de Dios por encima de todo lo demás y lleven una vida justa, y él les dará todo lo que necesiten. (Mateo 6:33, NTV)

Ver también: Proverbios 3:5, 6; Jeremías 29:11-13; 1 Pedro 2:23, 25.

Capítulo 1: ¡Dios nos perdona! (páginas 5-7)

Actividad A: Dios tomó la decisión de ofrecernos un gran regalo: Su perdón. Haz un dibujo o explica con tus palabras cómo estás respondiendo a este regalo.

> No nos castiga por todos nuestros pecados;
> no nos trata con la severidad que merecemos.
> Pues su amor inagotable hacia los que le temen
> es tan inmenso como la altura de los cielos sobre la tierra.
> Llevó nuestros pecados tan lejos de nosotros
> como está el oriente del occidente. (Salmo 103:10-12, NTV)

Ver también: Isaías 1:18, Miqueas 7:19.

Capítulo 2: ¡Elegir el regalo del perdón de Dios cambia tu futuro para siempre!
(páginas 8-13)

Actividad A: Haz un dibujo o explica con tus palabras que significa para ti ser parte de la familia de Dios.

Actividad B: ¿Qué te gustaría que Dios cambiara en tu vida?

Actividad C: ¿De qué manera puedes agradar a Dios mediante tus acciones, tus palabras, y la manera como tratas a los demás?

Así que, sea que coman o beban o cualquier otra cosa que hagan, háganlo todo para la gloria de Dios. (1 Corintios 10:31, NTV)

para que les abras los ojos, a fin de que pasen de la oscuridad a la luz, y del poder de Satanás a Dios. Entonces recibirán el perdón de sus pecados y se les dará un lugar entre el pueblo de Dios, el cual es apartado por la fe en mí. (Hechos 26:18, NTV)

Ver también: 1 Juan 3:1.

Capítulo 3: ¡El don divino del Espíritu Santo te cambia desde tu interior! (páginas 14-16)

Actividad A: ¿Cómo crees que el Espíritu de Dios te ayuda a ser fuerte y a hacer las cosas bien?

Actividad B: Describe o dibuja alguna situación en la que te hayas sentido seguro. ¿Has pasado por alguna experiencia en la que hayas sentido temor por tu vida?

él nos salvó, no por las acciones justas que nosotros habíamos hecho, sino por su misericordia. Nos lavó, quitando nuestros pecados, y nos dio un nuevo nacimiento y vida nueva por medio del Espíritu Santo. Él derramó su Espíritu sobre nosotros en abundancia por medio de Jesucristo nuestro Salvador. (Tito 3:5-6, NTV)

Ver también: Génesis 1:2; Juan 14:26; Juan 15:26; Juan 16:8; Romanos 8:15,16,

Capítulo 4: Dios nos perdona para que nosotros podamos perdonar a otros... pero no siempre es fácil. (páginas 17-24)

Actividad A: Explica cómo te sientes por dentro cuando alguien te lastima. Haz un dibujo de cómo sería entregarle ese dolor a Dios.

Actividad B: ¿Cómo puedes representar o explicar la expresión: "El perdón nos hace fuertes. La falta de perdón nos hace débiles"? (ver página 20)

No entristezcan al Espíritu Santo de Dios con la forma en que viven. Recuerden que él los identificó como suyos, y así les ha garantizado que serán salvos el día de la redención. Líbrense de toda amargura, furia, enojo, palabras ásperas, calumnias y toda clase de mala conducta. Por el contrario, sean amables unos con otros, sean de buen corazón, y perdónense unos a otros, tal como Dios los ha perdonado a ustedes por medio de Cristo. (Efesios 4:30-32, NTV)

Ver también: Marcos 11:25; Lucas 6:37.

Capítulo 5: ¿Cómo perdonamos? (páginas 25-29)

Actividad A: Utilizando el diagrama de un cuerpo humano, representa con crayones o lápices de colores, cómo se siente tu cuerpo cuando alguien te lastima. Por ejemplo: colorea el área de la garganta de rojo cuando tengas ganas de gritar, o colorea el estómago de naranja cuando te sientas confundido o asustado. Describe con palabras cómo se siente tu cuerpo.

Así que, ¡cuídense!
»Si un creyente peca, repréndelo; luego, si hay arrepentimiento, perdónalo. Aun si la persona te agravia siete veces al día y cada vez regresa y te pide perdón, debes perdonarla». (Lucas 17:3-4, NTV)

jarabe
de
perdón

Actividad B: En una hoja de papel aparte o en tu diario contesta las preguntas de cada paso usando la información en las páginas 26-29:

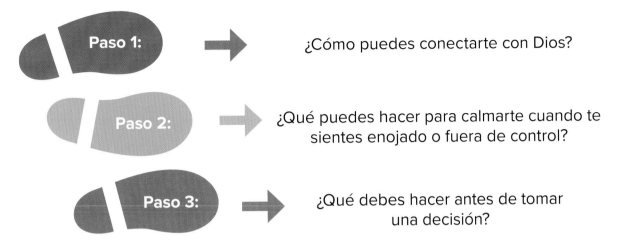

Paso 1: → ¿Cómo puedes conectarte con Dios?

Paso 2: → ¿Qué puedes hacer para calmarte cuando te sientes enojado o fuera de control?

Paso 3: → ¿Qué debes hacer antes de tomar una decisión?

Capítulo 6: Determina cuáles son las emociones más fuertes. (página 30)

Actividad: Repasa la lista de emociones en la página 30. Selecciona la emoción que creas que se aplica mejor a tus circunstancias actuales. Haz un dibujo de cómo imaginas esa emoción o cómo la sientes en ti. ¿La sientes como una ola enorme o una nube oscura, un volcán o un elefante sentado sobre tu pecho? ¿Cuándo fue la primera vez que te sentiste así?

El SEÑOR es compasivo y misericordioso,
   lento para enojarse y está lleno de amor inagotable.
No nos reprenderá todo el tiempo
   ni seguirá enojado para siempre.
No nos castiga por todos nuestros pecados;
   no nos trata con la severidad que merecemos.
Pues su amor inagotable hacia los que le temen
   es tan inmenso como la altura de los cielos sobre la tierra.
Llevó nuestros pecados tan lejos de nosotros
   como está el oriente del occidente.
El SEÑOR es como un padre con sus hijos,
   tierno y compasivo con los que le temen. (Salmo 103:8-13, NTV)

Ver también: Mateo 26:38-40; Lucas 10:21.

Capítulo 7: Determina cuán grande es la ofensa y cuál será tu respuesta.
(páginas 31-35)

Cuando piensas en tu herida más grande, ¿qué tan grande es? ¿Como un tucán, un puercoespín, una jirafa o un hipopótamo?

Actividad: Escribe en tu diario, o en una hoja de papel separada, cómo sería poder entregarle tu dolor más grande a Jesús para que lo cargue por ti. (Es como imaginar darle un hipopótamo enojado a Jesús para que Él sea quien se encargue de él).

Deléitate en el SEÑOR,
    y él te concederá los deseos de tu corazón.
Entrega al SEÑOR todo lo que haces;
    confía en él, y él te ayudará.
Él hará resplandecer tu inocencia como el amanecer,
    y la justicia de tu causa brillará como el sol de mediodía.
Quédate quieto en la presencia del SEÑOR,
    y espera con paciencia a que él actúe.
No te inquietes por la gente mala que prospera,
    ni te preocupes por sus perversas maquinaciones.
¡Ya no sigas enojado!
    ¡Deja a un lado tu ira!
No pierdas los estribos,
    que eso únicamente causa daño.
Pues los perversos serán destruidos,
    pero los que confían en el SEÑOR poseerán la tierra.
Pronto los perversos desaparecerán;
    por más que los busques, no los encontrarás.
    (Salmo 37:4-10, NTV)

Ver también: Proverbios 14:29; Proverbios 25:28; Proverbios 28:26; Romanos 8:31-39; Gálatas 5:16-24.

Capítulo 8: Decide creer la verdad sobre ti. (páginas 36-42)

Actividad A: Jesús sabe todo sobre ti... y Él escoge amarte tal como eres. Haz un dibujo de lo que sientes cuando piensas sobre esto.

Las personas pueden lastimarte, pero Jesús te aceptará y te sanará. Cierto día, "traían niños a Jesús para que Él los tocara, pero los discípulos los reprendieron", y les dijeron que se fueran. "Cuando Jesús vio esto, se indignó y les dijo: «Dejen que los niños vengan a Mí; no se lo impidan, porque de los que son como estos es el reino de Dios. En verdad les digo, que el que no reciba el reino de Dios como un niño, no entrará en él». Y tomándolos en los brazos, los bendecía, poniendo las manos sobre ellos." (Marcos 10:13-16, NBLA)

Actividad B: Si pudieras escribirle una carta a Jesús, ¿qué le dirías?

Actividad C: Usa el versículo Salmo 18:29, como guía para completar esta frase:

Con mi Dios puedo_____.

Por ejemplo: Con mi Dios puedo pedir perdón a mi abuela porque usé palabras groseras.

Con mi Dios, puedo perdonar a mi primo (o mi hermano) que _____.

... Entonces Dios miró todo lo que había hecho,
¡y vio que era muy bueno! (Génesis 1:27-31, NTV)

Yo les doy vida eterna y jamás perecerán,
y nadie las arrebatará de Mi mano.
(Juan 10:28, NBLA)

Ver también: Deuteronomio 7:6;
Salmo 139:13-16; 2 Corintios 5:21; Efesios 2:10.

Actividad A: Describe un momento en el que te sentiste fuerte.

Actividad B: Escoge una de las imágenes sugeridas en las páginas 44-46 y escribe un poema o una canción, o haz un dibujo para ilustrar cómo alcanzas la libertad cuando perdonas a alguien que te ha herido.

Actividad C: En una hoja de papel aparte completa el recuadro (ver página 47):

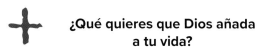

¿Qué quieres que Dios añada a tu vida?	¿Qué quieres que Dios elimine de tu vida?
Esperanza	Odio

... porque yo soy el SEÑOR, quien los sana». (Éxodo 15:26, NTV)

No imiten las conductas ni las costumbres de este mundo, más bien dejen que Dios los transforme en personas nuevas al cambiarles la manera de pensar. Entonces aprenderán a conocer la voluntad de Dios para ustedes, la cual es buena, agradable y perfecta. (Romanos 12:2, NTV)

Ver también: Salmo 103:1-22, Efesios 6:10-18.

Luego dijo Jesús: «Vengan a mí todos los que están cansados y llevan cargas pesadas, y yo les daré descanso. (Mateo 11:28, NTV)

Capítulo 10: ¡Nuestro viaje de perdón hacia el futuro continúa! (páginas 52-55)

Actividad A: Haz un dibujo de lo que más recuerdas haber aprendido de este libro.

Actividad B: Escribe en tu diario lo que quieres recordar o compartir con los demás.

Actividad C: Prepara 5 tarjetas sobre 5 cosas importantes, o versículos, que hayas aprendido en este libro. Usa crayones o lápices de colores para hacer las tarjetas hermosas. Regala las tarjetas a 5 amigos del colegio o a personas de tu familia.

Recuerda que el propósito de esta travesía es "recibir el perdón y el amor de Dios, para luego, por y con el poder del Espíritu Santo, ofrecer con gozo a otros el perdón y el amor de Dios"

> Pues nos ha nacido un niño,
> un hijo se nos ha dado;
> el gobierno descansará sobre sus hombros,
> y será llamado:
> Consejero Maravilloso, Dios Poderoso,
> Padre Eterno, Príncipe de Paz. (Isaías 9:6, NTV)

Ver también: Efesios 3:14-21.